La Vía Láctea

Grace Hansen

Abdo
NUESTRA GALAXIA
Kids

abdopublishing.com

Published by Abdo Kids, a division of ABDO, P.O. Box 398166, Minneapolis, Minnesota 55439.

Copyright © 2018 by Abdo Consulting Group, Inc. International copyrights reserved in all countries. No part of this book may be reproduced in any form without written permission from the publisher.

Printed in the United States of America, North Mankato, Minnesota.

102017

012018

 THIS BOOK CONTAINS RECYCLED MATERIALS

Spanish Translator: Maria Puchol

Photo Credits: iStock, ESO, NASA, Shutterstock

Production Contributors: Teddy Borth, Jennie Forsberg, Grace Hansen

Design Contributors: Dorothy Toth, Laura Mitchell

Publisher's Cataloging in Publication Data

Names: Hansen, Grace, author.

Title: La Vía Láctea / by Grace Hansen.

Other titles: The Milky Way. Spanish

Description: Minneapolis, Minnesota : Abdo Kids, 2018. | Series: Nuestra galaxia |
    Includes online resources and index.

Identifiers: LCCN 2017946230 | ISBN 9781532106651 (lib.bdg.) | ISBN 9781532107740 (ebook)

Subjects: LCSH: Milky Way--Juvenile literature. | Galaxies--Juvenile literature. |
    Solar system--Juvenile literature. | Spanish language materials--Juvenile literature.

Classification: DDC 523.1--dc23

LC record available at https://lccn.loc.gov/2017946230

Contenido

¿Cómo se formó la Vía Láctea?

La Vía Láctea es una galaxia.

Nuestro **sistema solar** está en

la Vía Láctea. ¡También hay

miles de millones de estrellas,

cuerpos celestes y mucho más!

4

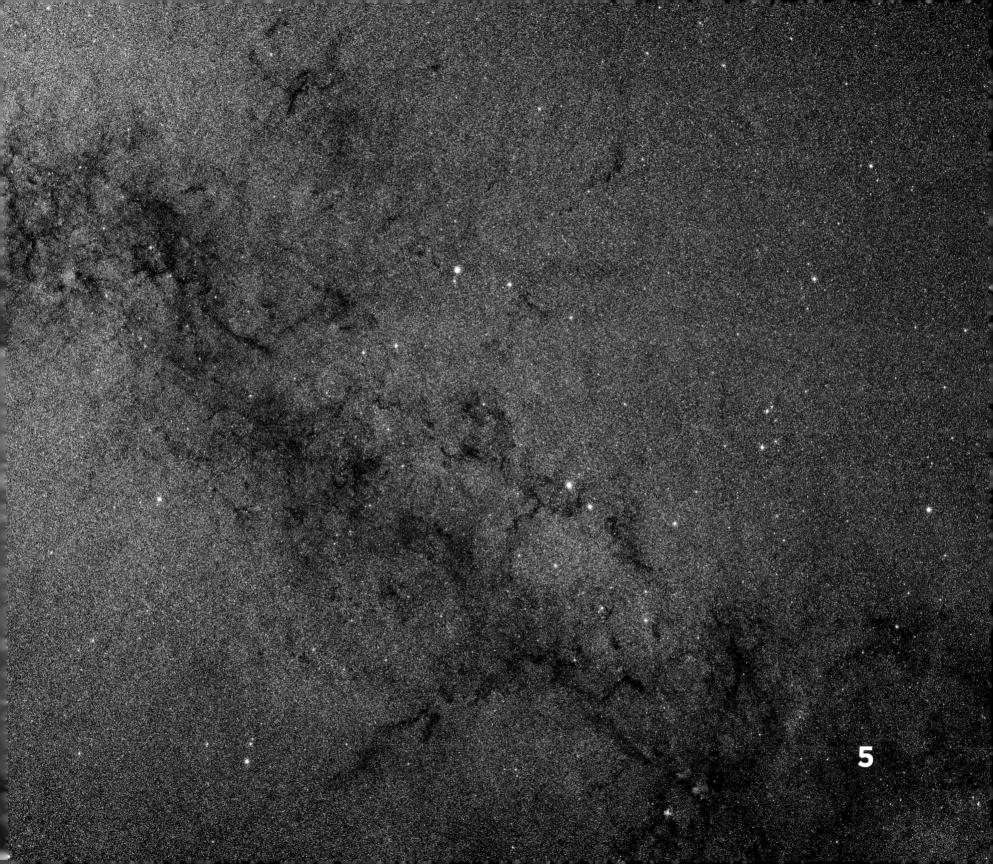

El universo tiene alrededor de 1,382 millones de años. Al principio, el universo era muy caliente y denso. No podían formarse gases.

A medida que transcurrió el tiempo, el universo se enfrió y expandió. Aunque todavía muy caliente, se había enfriado lo suficiente para que el **hidrógeno**, el **helio** y otros gases se pudieran formar.

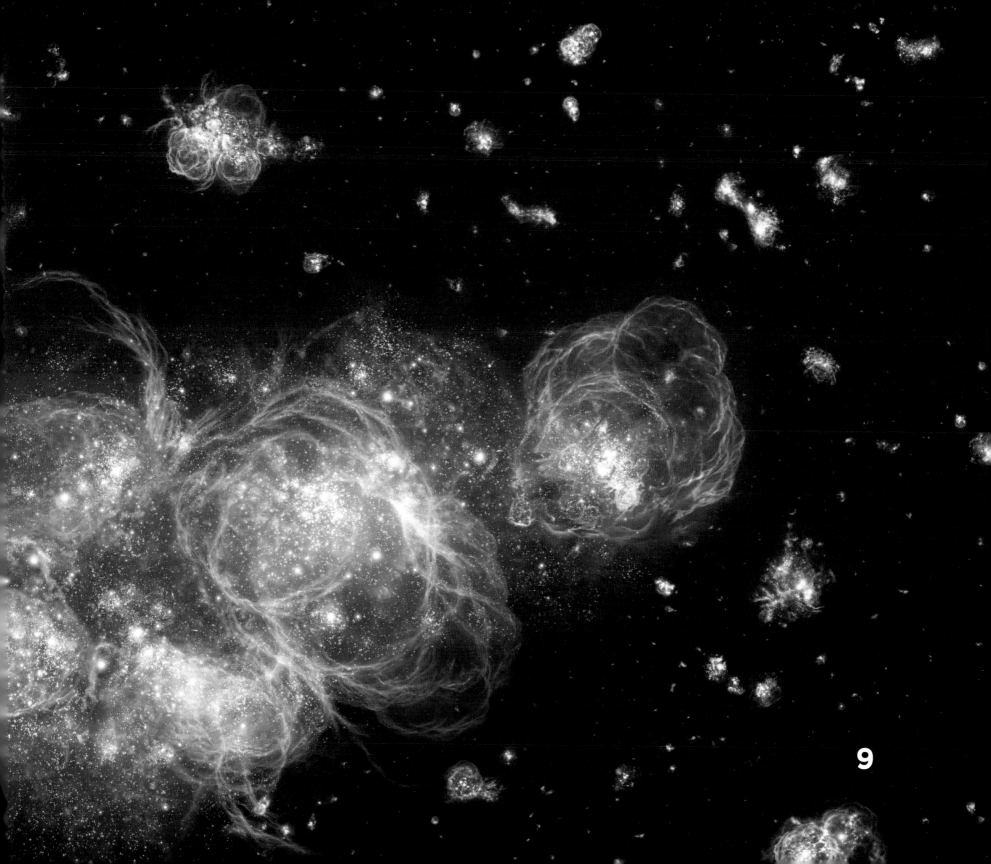

9

Estos gases se unieron en grandes nubes. El universo continuaba enfriándose y expandiéndose. La **gravedad** causó que las nubes se **colapsaran**. Lo que provocó la formación de estrellas gigantescas.

11

¡Más adelante las estrellas estallaron! El calor que esto produjo causó el **colapso** de grandes nubes de gas. Las galaxias surgieron finalmente del conjunto de estas nubes y estrellas.

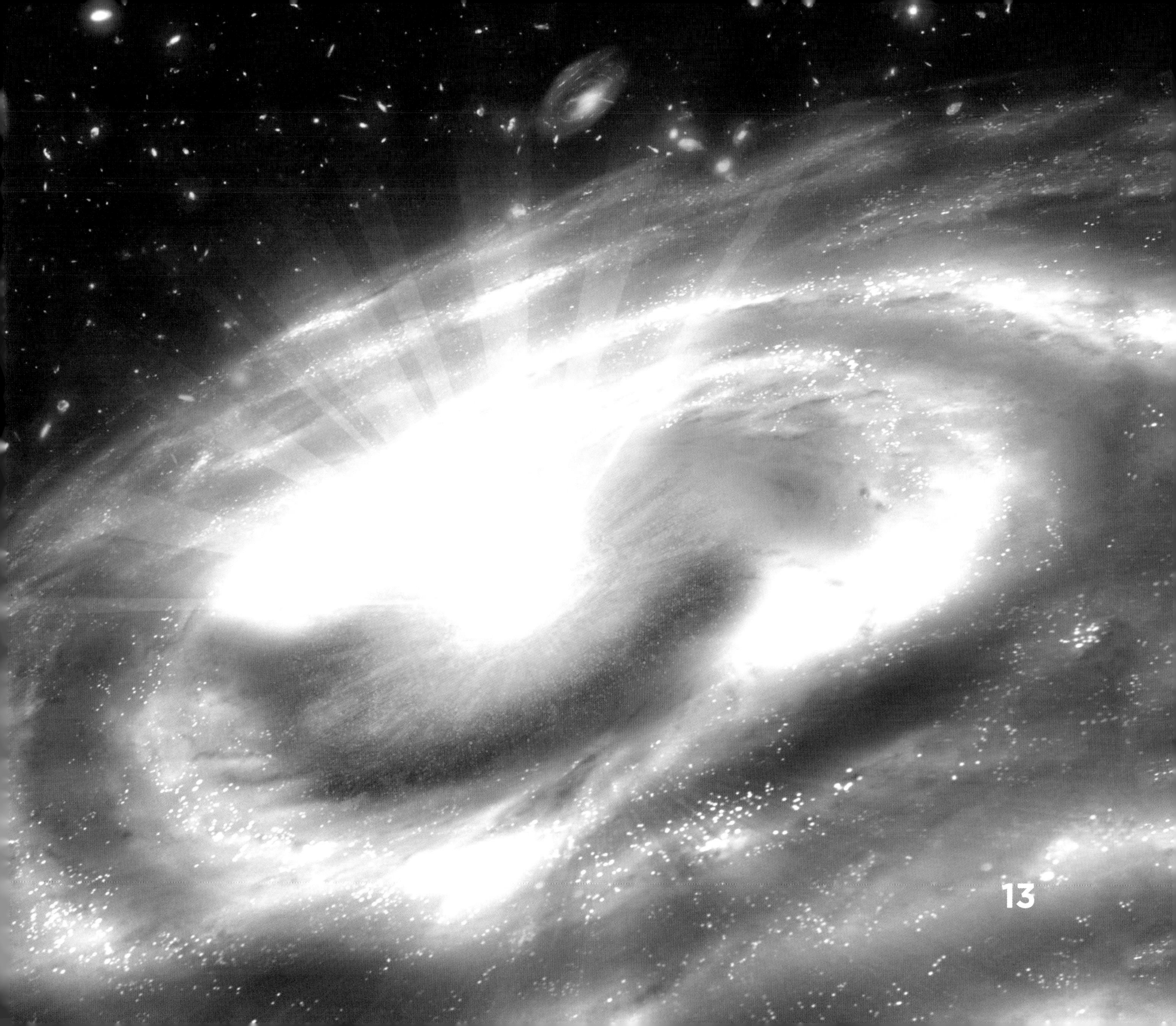

Una galaxia espiral

La Vía Láctea es una galaxia espiral barrada. Es un gran disco plano giratorio. Está compuesto de gas, polvo y estrellas. Hay una concentración de estrellas viejas rojas en el centro, esto se llama bulbo.

15

Hay varios brazos girando en espiral en el exterior del disco. En estos brazos se concentra la mayoría del gas y el polvo de la galaxia. ¡También hay muchas estrellas jóvenes!

la Vía Láct

nuestro sistema solar

El centro de nuestra galaxia

Un halo rodea la Vía Láctea. Está compuesto en parte de estrellas viejas. En el centro de la galaxia hay un **agujero negro** supermasivo.

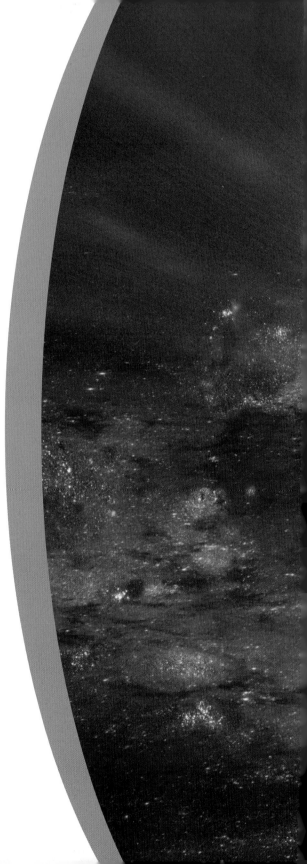

19

Este **agujero negro** y la Vía Láctea se formaron al mismo tiempo. Tiene cuatro millones de veces más masa que el Sol. Su **gravedad** es tan potente que toda nuestra galaxia **orbita** a su alrededor.

Más datos

- El **agujero negro** supermasivo en el centro de la Vía Láctea se llama Sagitario A.

- Los científicos creen que la Vía Láctea chocará con la galaxia Andrómeda dentro de 5,000 millones de años.

- La Vía Láctea es sólo una de los miles de millones de galaxias que hay en el universo.

Glosario

agujero negro – lugar invisible en el espacio donde la gravedad es tan potente que ni la luz puede escaparse. Más de un millón de soles caben en un agujero negro supermasivo.

colapsar – derrumbarse, hundirse.

denso – gran cantidad compacta de algo.

gravedad – fuerza por la que todos los objetos del universo se atraen unos o otros.

helio – gas ligero e incoloro que no se quema fácilmente.

hidrógeno – gas más ligero que el aire, que se prende fuego con facilidad.

órbita – trayectoria curva de un planeta, luna u otro objeto espacial, que hace alrededor de otro cuerpo celeste más grande.

sistema solar – grupo de planetas y otros cuerpos celestes, agrupados en torno al Sol por su gravedad y por ello orbitan alrededor de él.

Índice

Abdo Kids
ONLINE
FREE! ONLINE MULTIMEDIA RESOURCES

¡Visita nuestra página abdokids.com y usa este código para tener acceso a juegos, manualidades, videos y mucho más!

Código Abdo Kids:
OTK0529